학습컨설팅 시리즈

01

학습전략 프로그램 워크북

: 시간관리

Learning Strategies Program Workbook: Time Management

김정섭 · 강명숙 · 윤채영 · 정세영
김지영 · 김소영 · 황두경

박영story

머리말

미래에는 학습이 중심이 되는 시대가 올 것이며, 평생학습이 더 확산될 것이다. 그러나 아직까지 학교현장은 학습보다 교육에, 학생역량보다 교사역량에 더 초점을 두는 것 같다. 가르치는 사람이 교육의 주체라고 여기는 사람들이 여전히 많기 때문이다. 대부분의 사람들은 교사가 잘 가르치면 학생은 잘 배울 것이라고 믿는다. 그래서 많은 교육자들이 학습의 질은 교육의 질을 넘어설 수 없다고 말한다.

그러나 교육의 질과 학습의 질을 동의어로 보아서는 안 된다. 교사의 역량과 상관없이 학생이 자기주도적으로 학습할 때 더 잘 배울 수 있기 때문이다. 교사가 가르치는 역량을 높여야 학습이 잘 이루어진다는 생각은 학생을 지나치게 수동적인 존재로 보는 관점이다. 교사가 어떻게 가르치느냐에 따라 학생의 학습수준이 결정된다고 보기 때문이다.

우리는 이런 관점에서 벗어나 학생의 학습역량을 높이는 것이 무엇보다 중요하고 선결되어야 한다는 관점을 가지고 있다. 학생이 학습으로부터 도망가고 있는데, 교사의 수업역량만 개선하는 것은 문제의 본질을 건드리지 못하고 변죽만 울리는 꼴이다. 교사연수를 통해 교사의 역량을 향상시키려 하였으나 학생의 학습문제가 더 심각해지는 현실을 보면, 교육에 대한 관점의 전환이 필요한 시점임을 알 수 있다. 우리나라 학생들은 대부분 대학진학을 목표로 열심히 공부하면서 학창시절을 보내고, 대학진학 후에도 취업하기 위해 열심히 공부한다. 그러나 많은 대학생은 스스로 학습관리를 해 나가야 하는 학습환경 속에서 당혹감과 상실감을 경험한다. 대학 수업에 적합한 학습전략을 가지고 있지 않을 때 더욱 그렇다. 우리는 학업에 적응하지 못하는 대학생을 연구하며, 이러한 문제를 해결하기 위해 초등학생 및 중학생 때부터 학습전략을 익히고 활용하는 것이 중요하다는 것을 알게 되었다. 여러 해 동안 초등학교와 중학교에 학습전략 프로그램을 적용하며 그 효과를 연구하였고, 많은 연구물과 책을 발간하게 되었다. 그리고 기존의 책들을 정리하여 이 책을 재출간하였다.

특히 아직 스스로 학습하는 방법을 모르는 초등학생과 중학생들에게 이 학습전략 프로그램을 권하고 싶다. 또한 학교나 기타 교육기관도 학생들에게 단지 '열심히 공부하라'고 말하기보다는 이 프로그램을 도입하여 아이들이 진정한 꿈을 찾고 그 꿈을 달성하는 방법을 익히도록 도와주기를 권한다.

이 책은 다음과 같이 구성되어 있다. 첫 권은 시간관리에 관한 것이다. 학습의 양은 실제로 학습한 시간에 정비례한다. 학습하기 위해 사용한 시간이 많을수록 배운 것이 더 많다는 것이다. 여기서 중요한 점은 책상에 앉아 있는 시간이 아니라 집중해서 학습한 시간의 양이다. 목표의식을 잃은 아이들은 학습에 집중하지 못하고 왜 학습해야 하는지도 모른다. 따라서 학습은 시간관리부터 시작해야 한다. 이 책의 안내에 따라 교육받은 학생은 자신의 꿈을 찾는 것과 그 꿈을 이루기 위해 시간을 효과적으로 관리하는 방법을 배우게 될 것이다.

둘째 권의 집중전략 부분에서는 집중이 잘되는 환경을 만들고, 집중력을 높이는 다양한 방법이 소개되어 있다. 이 책에서는 학생들이 자신의 어떤 집중력이 부족한지 파악하고 그것을 극복하는 방법을 배우게 될 것이다.

셋째 권은 기억전략의 내용을 담고 있다. 아무리 많은 시간 동안 집중해서 공부했더라도 자고 나서 그것을 잊어버린다면 정말 안타까울 것이다. 따라서 배운 것을 잘 기억하는 방법을 익히면 그렇지 않은 학생에 비해 더욱 학업성취도를 높일 수 있을 것이다.

넷째 권의 읽기전략 부분에서는 사칙연산이라는 신선한 접근법을 통하여 읽기전략을 쉽게 가르치고 배울 수 있다. 특히 대부분의 학생들이 어려워하는 추론하면서 읽기 부분을 세분화하여 단계별로 학습할 수 있도록 구성하였다.

다섯째 권의 시험관리는 평소 공부습관과 시험에 대한 태도부터 시험 직전까지의 준비와 실제 시험상황 그리고 시험 후의 분석까지 체계적으로 알려주고 있다. 또 시험불안에 대한 정도를 알아보고 이를 극복할 수 있는 방안까지 제시하고 있어서 시험에 대한 걱정이 많은 학생들에게 도움이 될 것이다.

이 다섯 가지의 학습전략 프로그램은 학습컨설턴트나 교사가 학생들에게 쉽게 전달할 수 있도록 수업지도안 형태로 구성되었으므로, 전문가가 학생들에게 쉽게 전달할 수 있는데 조금이나마 도움이 되리라 믿어 의심치 않는다. 많은 이들이 사용해보고 피드백을 연구진에게 전해 준다면, 점차 더 좋은 책으로 발전되리라 확신한다.

OECD 국가 중 행복지수에서 우리나라가 항상 하위권에 머무르고 있다. 더구나 학생들의 행복지수는 거의 꼴등에 가까운 것이 현실이다. 따라서 이 책을 통해 많은 아이들이 학습에 있어서 진정한 행복을 느낄 수 있기를 진심으로 바라는 바이다. 끝으로 이 연구결과물이 나올 수 있게 도움을 주신 많은 분들께 감사의 말을 전한다.

저자를 대표하여 김 정 섭

목 차

CHAPTER 01 꿈 찾기 3

모듈 1.1 나는 미래에 어떤 모습일까? 4

모듈 1.2 꿈 주령구 만들기 7

모듈 1.3 다양한 직업 알기 9

모듈 1.4 '꿈 나무' 만들기 12

모듈 1.5 '꿈 지도' 만들기 13

CHAPTER 02 꿈을 위한 준비하기 17

모듈 2.1 꿈을 이루려면 무엇을 해야 할까? 18

모듈 2.2 꿈을 이루기 위한 일주일 계획 세우기 20

모듈 2.3 꿈을 이루기 위한 하루 3시간+ 계획표 세우기 23

CHAPTER 03 꿈으로 가는 시간 만들기 29

모듈 3.1 시간관리는 왜 중요할까? 30

모듈 3.2 꿈을 이룬 위인들의 시간관리 엿보기 31

모듈 3.3 시간 개념 알아보기 34

모듈 3.4 나의 하루 살펴보기 37

CHAPTER 04 꿈을 향해 나아가기 41

모듈 4.1 시간 낚시하기 42

모듈 4.2 시간 매트릭스 44

모듈 4.3 시간 사용 점검하기 47

모듈 4.4 미루기 극복하기 49

참고문헌 52

chapter

01

꿈 찾기

모듈 1.1 나는 미래에 어떤 모습일까?
모듈 1.2 꿈 주령구 만들기
모듈 1.3 다양한 직업 알기
모듈 1.4 '꿈 나무' 만들기
모듈 1.5 '꿈 지도' 만들기

Dream
Best
1
2
3

CHAPTER 01 꿈 찾기

◉ 시간관리를 잘하기 위해 여러분이 가장 먼저 해야 할 일은 바로 이루고 싶은 꿈이 무엇인지 확인하는 것입니다. 우리가 여행을 갈 때 목적지를 정한 다음 목적지의 날씨, 생활환경을 알아보고 여행준비를 하는 것처럼, 꿈은 우리 인생의 목적지이자 나침반이 됩니다. 그러나 한 번 꿈이 정해졌다고 해도 주변 여건과 상황에 따라 변하거나 더 좋은 꿈이 생기면 바뀔 수도 있습니다. 그렇다 하더라도 먼저 여러분이 자신이 원하고 자기에게 맞는 꿈을 찾으려고 노력하는 것이 필요합니다. 그러한 노력으로 꿈을 향해 꾸준히 나아간다면, 인생의 귀중한 시기에 시간과 노력을 낭비하는 것을 줄일 수 있습니다.

◉ 제1장은 여러분 자신과 직업세계의 이해를 통해 자신에게 잘 맞는 꿈을 찾는 활동, 자신의 꿈을 향한 발판을 놓는 활동인 장기목표 및 단기목표 설정에 대해 이해하고, 앞서 이해한 모든 내용을 바탕으로 꿈 지도를 그려보는 활동으로 구성되어 있습니다.

◉ 꿈 찾기 단계는 꿈을 이루기 위한 목표를 정함으로써 하고자 하는 마음을 가지게 하는 시간관리의 첫 단계이므로 학습수준과 관계없이 모든 학생들이 활용할 수 있습니다.

목표

◉ 꿈이란 무엇인지 정의하고 꿈이 왜 필요한지 알 수 있다.

◉ 현재 자신을 이해하고 다양한 직업에 대해 알게 되면서, 자신에게 맞는 꿈을 찾을 수 있다.

◉ 꿈을 이루어가는 과정을 장기목표 및 단기목표의 개념으로 시기별로 나누어 생각해 볼 수 있다.

준비물

◉ 학생용 워크북, 필기구

◉ 포스트잇, 모둠활동판

◉ 8절 색지, 주령구 도면, 가위, 투명테이프, 전지, 싸인펜(필기구), 풀, 폴라로이드 사진기 및 필름, 네임펜

모듈 1.1

나는 미래에 어떤 모습일까?

활동 1 내가 바라는 미래의 내 모습을 그려보세요.

내가 바라는 미래의 내 모습 그리기

활동 2 현재의 내 모습을 그려보세요.

현재의 내 모습	
학교에서	집에서

주령구 도면

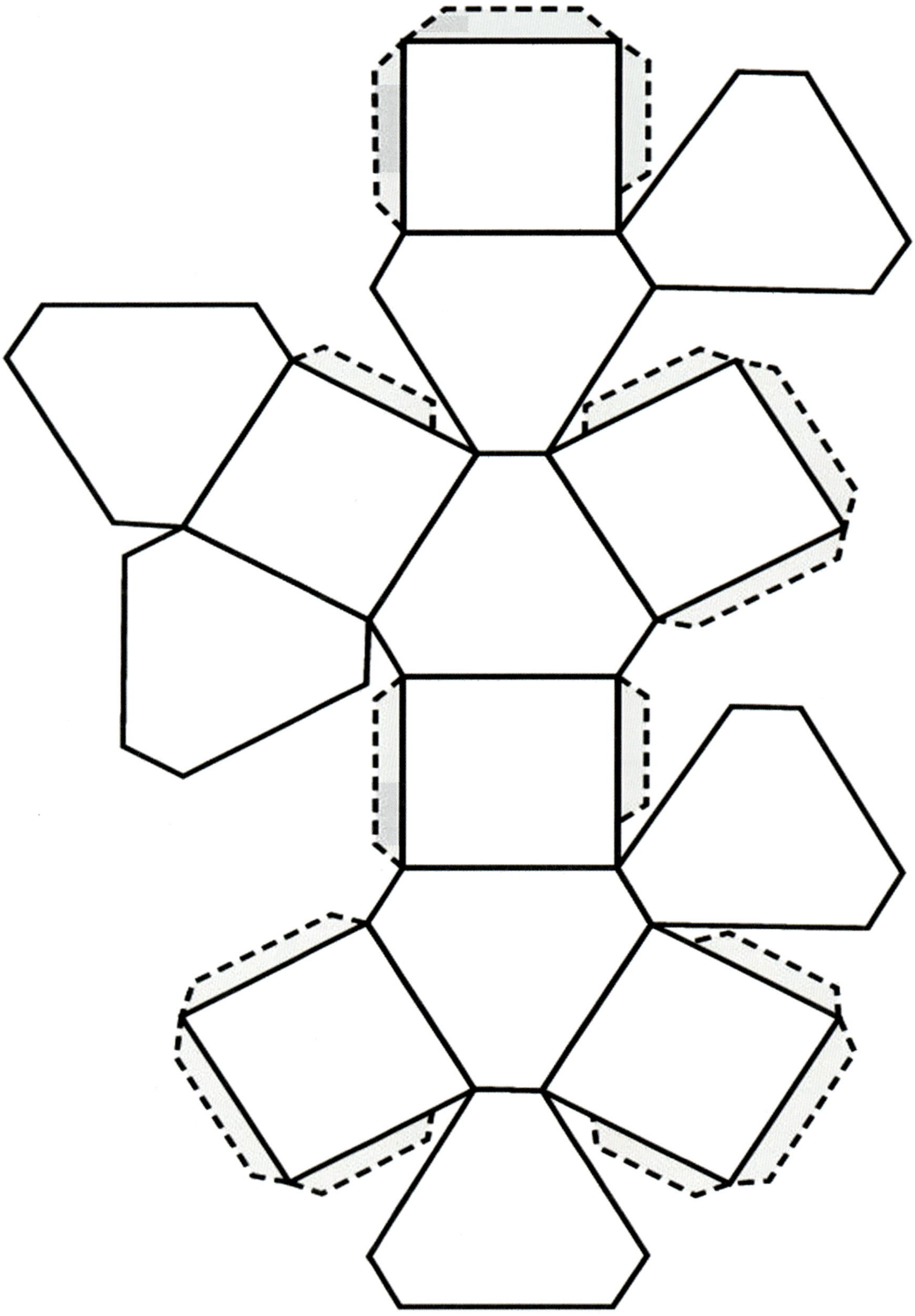

모듈 1.2

꿈 주령구 만들기

활동 1 꿈 주령구를 만들어 나를 표현해 보세요.

미션 내용

① 나의 성격 강점 쓰기
② 어깨로 이름 쓰기(개인)
③ 나의 인생가치관 3순위까지 쓰기
④ 나의 보물 1호 쓰기
⑤ 모둠원 2명에게 10초간 안아주기(개인)
⑥ 내가 가고 싶은 대학교 이름 쓰기
⑦ 모둠원 전체에게 칭찬 하나씩 하기(개인)
⑧ 좋아하는 과목과 싫어하는 과목을 적고 이유 쓰기
⑨ 모둠원 전체에게 칭찬 하나씩 받기(개인)
⑩ 나의 희망 직업 쓰기(여러 개 작성 가능)
⑪ 가장 기분 좋았던 순간 쓰기
⑫ 이번 학기 나의 목표 쓰기
⑬ 나의 이상형 쓰기
⑭ 공부하는 이유 쓰기

보조자료 미션 1과 미션 3의 경우 보조자료를 활용하여 답을 찾아보세요.

미션 1: 나의 성격 강점 찾기

아래에서 나의 성격을 잘 설명하는 단어 3개를 골라서 적어보세요.

자신이 생각하는 다른 형용사를 적어도 괜찮아요.

솔직한, 대범한, 자신감이 넘치는, 용감한, 도전적인, 차분한, 상냥한, 명랑한, 영리한, 논리적인, 믿음직한, 열정적인, 적극적인, 친절한, 잘 베푸는, 긍정적인, 독립적인, 창의적인, 개방적인, 융통성 있는, 성실한, 책임감 있는, 정의로운, 신중한, 참을성 있는, 계획적인, 철저한, 꼼꼼한, 겸손한, 배려하는, 신앙심이 깊은, 의지가 강한, 따뜻한, 관대한, 재치 있는, 유머가 있는 등

미션 3: 나의 인생가치관 쓰기 (예시)

아래에서 내가 중요하다고 생각하는 가치를 3개 골라 O표하고 우선순위를 정해 보세요.

가치관	내용	선택	우선순위
능력발휘	능력을 발휘하고 성취감을 느끼는 것		
돈	돈을 많이 버는 것		
안정	오랫동안 그 직업을 가지고 안정적인 수입을 받으며 일할 수 있는 것		
명예	다른 사람들로부터 인정받고 존중받는 것		
봉사	다른 사람들에게 도움이 되는 일을 하는 것		
창의성	자신의 아이디어로 새로운 시도를 할 수 있는 기회가 많은 것		
발전성	발전하고 배울 수 있는 기회가 많은 것		
자율성	소속된 조직의 명령이나 통제 없이 주도적으로 일하고 책임지는 것		
여가	취미나 여가를 즐길 수 있는 시간이 많은 것		

모듈 1.3

다양한 직업 알기

활동 1 다음 표에 숨어있는 직업 이름을 찾아보세요.

바	리	스	타	디	자	이	너	리	포	터	큐	모
힘	도	항	내	간	두	승	촬	영	기	사	레	델
자	선	경	해	호	병	무	아	관	광	가	이	드
산	사	변	리	사	정	원	약	판	아	신	터	차
운	프	로	그	래	머	한	의	사	나	안	경	사
용	경	리	외	연	고	교	수	사	운	기	건	미
가	호	찰	교	출	직	웃	사	회	서	자	축	용
고	원	살	관	가	업	정	서	복	만	화	가	사
쇼	핑	호	스	트	군	사	비	지	이	통	제	요
세	작	검	판	공	인	회	계	사	육	사	역	리
무	곡	가	사	무	변	호	사	임	상	병	리	사
사	가	은	행	원	가	수	전	문	비	서	농	부
제	과	제	빵	사	환	경	미	화	원	소	방	관

활동 2 <활동 1>에서 찾은 직업 이름 적은 후에, 어떤 일을 하는지 알고 있는 직업에 동그라미 쳐보세요.

활동 3 알고 있는 직업을 빙고판에 적고 빙고게임을 하세요.

모듈 1.4

'꿈 나무' 만들기

활동 1 꽃의 중심에 나의 이름과 꿈을 적고, 꿈과 관련된 '하기-되기-갖기-돕기' 활동을 적어보세요.

모듈 1.5

'꿈 지도' 만들기

활동 1 미래의 내 모습을 생각하며 꿈 지도를 만들어 보세요.

중학교 ▶ 고등학교 ▶ 20대

▼

40대 ◀ 30대

나의 각오 적기

chapter

02

꿈을 위한 준비하기

모듈 2.1 꿈을 이루려면 무엇을 해야 할까?

모듈 2.2 꿈을 이루기 위한 일주일 계획 세우기

모듈 2.3 꿈을 이루기 위한 하루 3시간+ 계획표 세우기

100

CHAPTER 02 꿈을 위한 준비하기

◉ 꿈을 찾은 후, 우선적으로 해야 할 일은 여러분의 꿈과 관련된 정보를 수집하는 일입니다. 인터넷으로 꿈에 대한 정보를 검색해보고, 관련 분야에서 꿈을 이룬 사람들의 책이나 기사를 모아 보거나, 선생님이나 부모님의 도움 말씀으로 준비할 것들을 구체적으로 알아볼 수 있습니다. 수집된 정보를 구별하여, 기간별로 실천과제와 행동목표를 정하고, 그에 따른 구체적인 실천계획을 세워 봄으로써 미래와 현재를 촘촘히 연결해 나갈 수 있을 것입니다.

◉ 제2장은 꿈을 정하고 그 꿈의 의미가 무엇인지 알아보는 활동에서부터 꿈을 이루어가는 과정에 필요한 실천과제 및 행동목표와 구체적인 계획을 세우는 활동, 꿈을 이루는데 필요한 주요 활동을 꾸준히 실천하기 위한 하루 3시간 계획표 작성 활동까지 순차적인 과정으로 구성되어 있습니다.

◉ 꿈을 위한 준비하기 활동은 구체적인 계획을 통해 꿈을 달성할 수 있도록 돕는 활동으로 구성되어 있으며, 학습수준과 관계없이 누구나 쉽게 할 수 있는 내용이므로 모든 학생들이 활용할 수 있습니다.

목표

◉ 꿈을 정하고 그 꿈이 나에게 주는 의미를 이해한다.

◉ 꿈을 이루어 가는 과정에 필요한 실천과제, 행동목표, 구체적인 계획을 세울 수 있다.

◉ 하루 3시간$^+$ 계획표 작성을 통해, 꿈을 이루는데 필요한 주요 활동(학교숙제, 개인공부, 꿈 활동)이 무엇인지 알 수 있다.

준비물

◉ 학생용 워크북, 필기구

모듈 2.1

꿈을 이루려면 무엇을 해야 할까?

활동 1 미래에 무엇이 되고 싶나요?
미래의 내 모습을 상상하며 나의 꿈과 그 꿈을 가지게 된 이유를 적어보세요.

꿈을 선택한 이유

나는 영어를 재미있게 가르치는 선생님이 될 것이다.

영어 선생님이 되려는 이유는

첫째, 내가 영어를 좋아하기 때문이다.
둘째, 아이들에게 내가 좋아하는 것을 가르치는 것은 매우 보람있는 일이기 때문이다.

활동 2

꿈만 꾸는 사람은 꿈을 이룰 수 없습니다.
꿈을 위해 해야 하는 일을 자유롭게 적어보세요.

미션 1: 꿈을 위해 해야하는 일을 적어보세요.

미션 2: 꿈을 위해 실천해야할 일(실천목표)를 각 영역에 맞게 나눠서 적어 보세요.

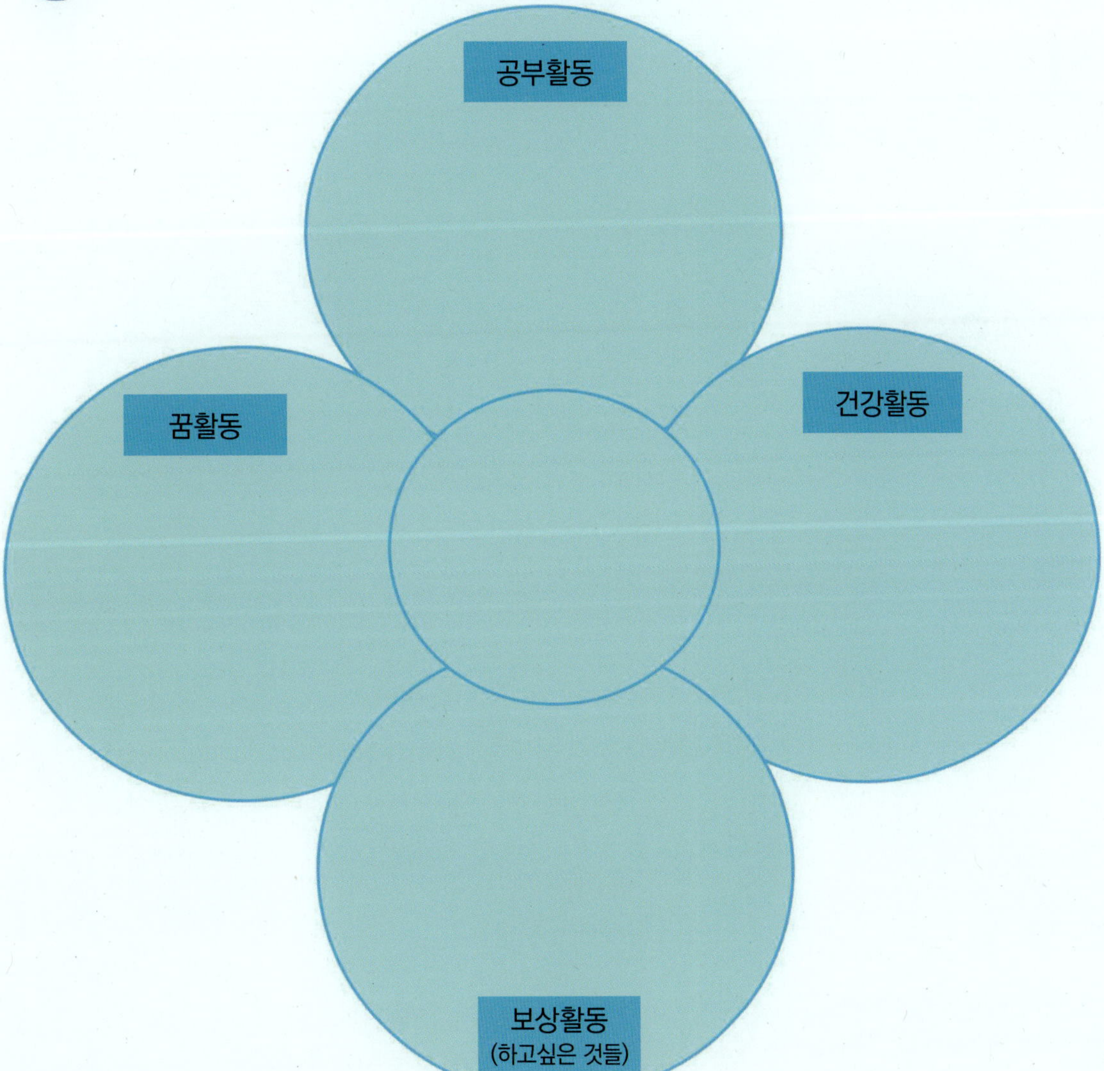

모듈 2.2

꿈을 이루기 위한 일주일 계획 세우기

활동 1 요리사가 되고 싶은 누리의 목표를 자세히 살펴보세요.

예시 1: 요리사가 되고 싶은 누리의 실천과제에서 일주일 실천계획 찾기

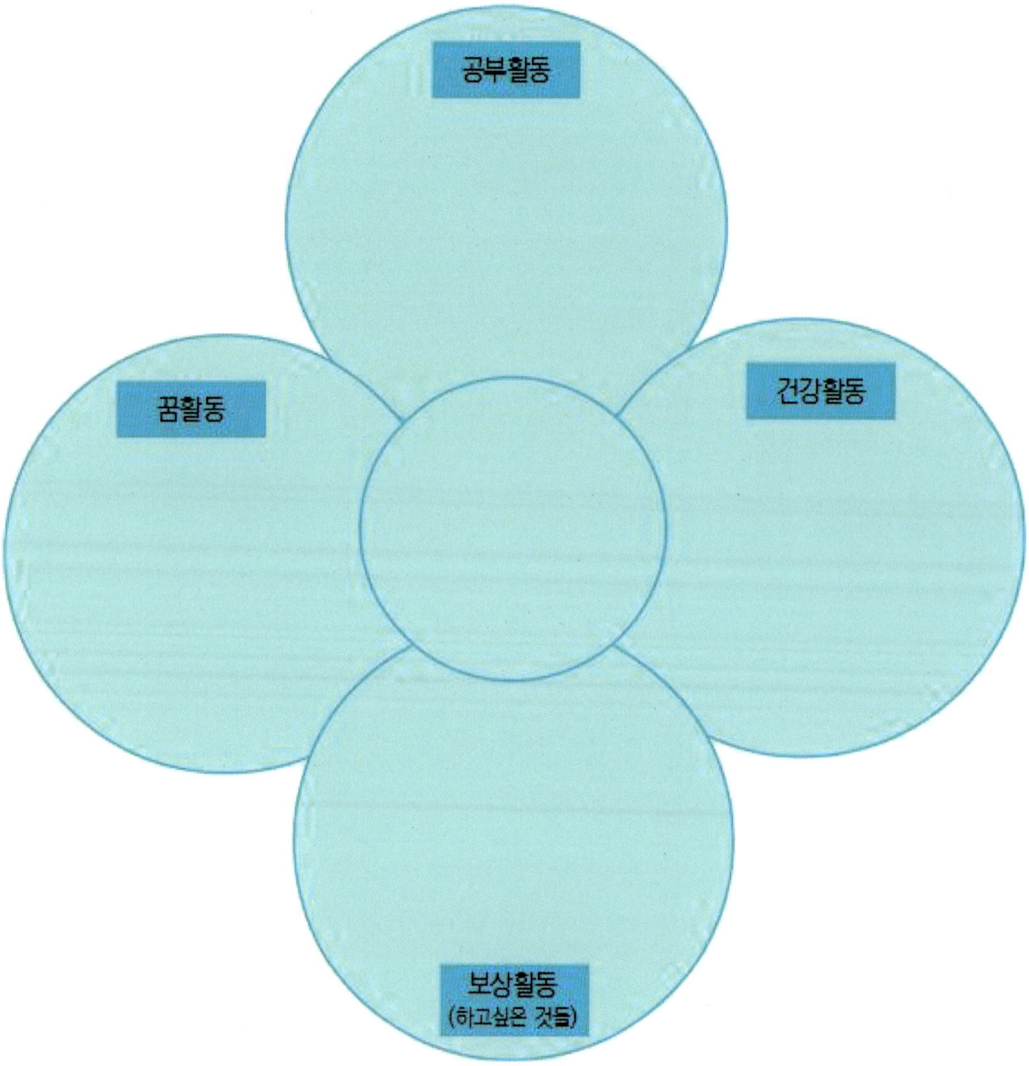

예시 2: 요리사가 되고 싶은 누리의 실천과제에서 일주일 실천과제

실천계획	실천과제

활동 2 꿈을 이루기 위한 일주일 실천계획을 정하고 이를 실천하기 위한 구체적인 과제를 세워보세요.

실천계획	실천과제
1.	
2.	
3.	
4.	
5.	
6.	

모듈 2.3

꿈을 이루기 위한 하루 계획표 3시간$^+$ 작성하기

활동 1 꿈으로 가는 하루 3시간+ 법칙을 여러 번 읽고 기억하세요.

1 나는 맡은 일을 다 하는 책임감을 키우기 위해서 하루 1시간 이상, 반드시 숙제를 하겠습니다.

1. 숙제를 하는 시간이 길어질 경우, 개인공부 시간을 조정합니다.
(예: 숙제시간 1시간 30분 사용 ⇨ 개인공부는 30분만 해도 되고, 1시간으로 해도 됨)
2. 숙제가 적거나 없는 경우, 1시간을 다 채우지 않아도 되고, 개인 공부시간을 늘려도 됩니다.
(예: 숙제시간 30분 사용 ⇨ 개인공부 시간을 1시간으로 하거나, 1시간 30분으로 해도 됨)

2 나는 공부의 주인이 되기 위해서 하루 1시간 이상, 꾸준히 개인적인 공부를 하겠습니다.

1. 여기서 개인적인 공부는 숙제를 제외하고 내가 계획을 세워서 스스로 하는 공부를 의미합니다.
(예: 복습, 매일 영어단어 10개 외우기, 사이버스쿨 동영상 시청, 학습지 풀기 등)

3 나는 꿈을 이루기 위해 하루 1시간 이상, 꿈 활동을 하겠습니다.

1. 꿈활동 시간에는 주로 내 꿈과 관련된 활동을 합니다.
(예: 축구선수 → 축구하기, 가수 → 악기 다루기와 음악 감상, 디자이너 → 미술, 기타 → 꿈 관련 독서 및 정보수집 등)
2. 가능한 학교숙제나 자습을 먼저 한 후에 꿈 활동을 합니다.
낮에만 할 수 있는 활동인 경우(예: 친구들과 축구 또는 야구하기 등), 꿈 활동을 먼저 하되 숙제와 공부시간을 지키도록 다짐을 하고, 꼭 실천하여 자신에 대한 자부심을 높입니다.

활동 2 꿈으로 가는 하루 3시간+ 계획을 정하고, 친구들 앞에서 발표해 보세요.

나는 ________ 되기 위해서 하루 3시간 이상,

이것을 꼭 지키겠습니다.

첫째, 나는 맡은 일을 다하는 책임감을 키우기 위해서 ____시부터 ____시까지 숙제를 하겠습니다.

둘째, 나는 공부의 주인이 되기 위해서 ____시부터 ____시까지 개인적인 공부를 하겠습니다.

셋째, 나는 나의 꿈을 이루기 위해서 ____시부터 ____시까지 꿈 활동을 하겠습니다.

년 월 일

성명 (인)

선생님 확인란	부모님 확인란
성명 (인)	성명 (인)

활동 3 하루 3시간+ 계획을 정하고, 매일 하루 일과 후 점검하는 연습을 해 보세요.

월 일 요일

	내용	시간	만족도(○△×)

월 일 요일

	내용	시간	만족도(○△×)

월 일 요일

	내용	시간	만족도(○△×)

월 일 요일

	내용	시간	만족도(○△×)

월 일 요일

	내용	시간	만족도(○△×)

월 일 요일

	내용	시간	만족도(○△×)

월 일 요일

	내용	시간	만족도(○△×)

월 일 요일

	내용	시간	만족도(○△×)

chapter 03

꿈으로 가는 시간 만들기

모듈 3.1 시간관리는 왜 중요할까?
모듈 3.2 꿈을 이룬 위인들의 시간관리 엿보기
모듈 3.3 시간 개념 알아보기
모듈 3.4 나의 하루 살펴보기

CHAPTER 03 꿈으로 가는 시간 만들기

- 미래의 목표와 현재의 실천계획을 정했다면, 이제 여러분의 실생활에서 꿈으로 가는 시간을 만들어 잘 사용해야 합니다. 꿈으로 가는 시간을 확보하려면 우선 시간의 개념과 중요성을 알고 있어야 합니다. 여러분이 실제 쓸 수 있는 시간은 오늘 하루뿐이므로, 여러분이 보내는 하루가 얼마의 시간으로 이루어져 있으며, 시간을 잘 사용하는 것이 얼마나 중요한 지 알아야 합니다. 그리고 시간관리를 하면 좋은 점과 구체적인 시간관리 방법을 알고, 그 방법들을 실천한 후 하루의 생활을 돌아보고 시간관리가 잘 되지 않는 부분을 점검하여 개선해 나가는 과정을 익혀야 합니다.
- 제3장은 시간과 시간관리의 중요성을 이해하는 활동과 꿈을 이룬 위인들의 시간관리 방법을 역할극을 통해 경험해보는 활동, 시간의 개념을 인식하는 활동, 하루 생활의 점검을 통해 고칠 점을 찾아 시간의 주인이 되겠다는 서약서를 작성하는 활동으로 구성되어 있습니다.
- 꿈으로 가는 시간 만들기는 시간개념이 부족하고 시간관리의 필요성을 알지 못하는 학생을 위한 활동으로 누구나 쉽게 할 수 있도록 구성되어 있다. 따라서 본 활동은 학습수준과 관계없이 모든 학생들이 활용가능하지만, 특히 초등학생에게 더 많은 효과를 볼 수 있는 활동입니다.

목표

- 시간의 개념과 시간의 중요성에 대해 이해한다.
- 자신의 하루생활을 점검하고 시간관리의 필요성을 이해한다.
- 꿈으로 가는 시간을 만들기 위한 각오를 다지고 실천하고자 하는 의지를 가진다.

준비물

- 학생용 워크북
- 4절지, 매직 또는 싸인펜(필기구), 포스트잇

모듈 3.1

시간관리는 왜 중요할까?

활동 1 시간관리를 잘하면 좋은 점과 잘 할 수 있는 방법을 적어보세요.

시간관리를 잘 하면 어떤 점이 좋을까요?

시간관리를 잘 할 수 있는 방법에는 무엇이 있을까요?

모듈 3.2

꿈을 이룬 위인들의 시간관리 엿보기

활동 1 시간을 돈으로 여긴 벤자민 프랭클린

미국의 작가이며, 과학자, 외교관, 정치가로 유명한 벤자민 프랭클린의 이야기입니다. 가난한 집안에서 태어난 벤자민 프랭클린이 서점의 직원으로 일할 때 입니다. 한 손님이 들어와 책을 사면서 가격을 물어보았습니다.

"이 책의 가격이 얼마죠?"
"그 책의 가격은 5달러입니다."

그러자 손님은 책의 가격을 깎아 달라고 흥정을 하였습니다.

"책이 너무 비싼 거 같소, 가격을 좀 깎아주시오. 가격이 얼마면 되겠소?"
"그 책의 가격은 6달러입니다."
"그게 무슨 소리죠? 책의 가격이 얼마라고 하였소?"
"그 책의 가격은 이제 7달러입니다."

벤자민 프랭클린은 그 손님이 물건 값을 한번 깎아 달라고 할 때마다 물건 값을 더 올려서 이야기 했습니다.

"좀 전에는 5달러라고 하였는데 왜 7달러가 되었소?"

손님이 물건 값을 깎아 달라고 했는데 왜 가격을 더 올리느냐고 묻자 벤자민 프랭클린이 대답하였습니다.

"손님은 가격을 깎아 달라고 하면서 나의 귀중한 시간을 빼앗았기 때문에 나의 빼앗긴 시간만큼 가격을 더 올리는 것입니다."

(박은교, 2011)

활동 2 하루에 20시간 집중한 에디슨

토머스 에디슨은 백열등과 축음기 등 수많은 것을 발명해 인류가 편하게 살도록 해 준 세계적인 발명가예요. 미국 뉴욕 65번 에디슨의 전등 회사 앞에는 에디슨을 취재하기 위해 벌써 며칠째 기자들이 계속 몰려오고 있었어요. 하지만 에디슨이 너무 바쁜 탓에 아무도 그를 만날 수가 없었어요. 이에 오기가 생긴 마든이라는 기자는 에디슨의 회사 앞에서 3주 동안 천막을 치고 지내며 에디슨을 기다렸어요.

그러던 어느 날이었어요. 마든 기자는 마침내 에디슨이 회사에 나오는 것을 보았어요. 그러자 어디서 나타났는지 많은 기자들이 순식간에 몰려들었지요. 그런데 놀랍게도 에디슨은 마든 기자와 인터뷰를 하겠다고 말했어요. 바쁜 에디슨은 인터뷰 시간을 단 5분만 허락했어요. 마든 기자는 벅찬 마음으로 평소 궁금했던 것을 물어보았어요.

마　든: "발명이나 다른 분야에서 성공하려면 가장 필요한 것이 무엇이라고 생각하십니까?"

에디슨: "한 가지 일에 몸과 마음의 에너지를 모두 쏟아 부을 수 있는 능력입니다. 바로 집중력이지요."

마　든: "하루 종일 연구에 빠져 계시다는 말은 이미 들었습니다. 대단한 집중력이에요."

에디슨: "저는 하루 스무 시간 정도 일합니다. 제 나이가 지금 서른셋이지만 실제로는 예순여섯일 거예요. 남들보다 항상 두세 배로 일했으니까요."

마　든: "하루에 스무 시간이나 일하시는 게 힘들지는 않으세요?"

에디슨: "그렇지 않습니다. 사람들은 하루 종일 어떤 일을 합니다. 생각해 보세요. 만일 아침 7시에 일어나서 밤 11시에 잠자리에 든다면 하루에 16시간을 활용할 수 있습니다. 대부분 사람들은 그동안 아무것도 하지 않고 멍하게 있지는 않지요. 일을 하고, 친구를 만나거나, 책을 읽고, 생각하고, 글도 씁니다. 하지만 나와 차이점이라면 사람들은 그 시간 동안 여러 가지 일을 하고, 나는 한 가지만을 한다는 거예요. 만일 사람들이 한 가지 일에만 시간을 집중해 쓴다면 누구나 성공할 수 있어요. 성공은 반드시 집중과 함께 있지요. 분명한 목표가 없기 때문에 집중하기 어려운 것이지, 한 가지 목표를 분명히 세우고 여기에 매달린다면 누구나 반드시 성공할 수 있습니다.

(박은교, 2011)

활동 3 아침 일찍 일어나 꿈을 이룬 빌게이츠

시계가 새벽 3시를 가리켰어요. 세상은 온통 쥐 죽은 듯 고요했지요. 빌 게이츠는 크게 기지개를 켜면서 이불 속에서 빠져나왔어요.

“아, 잘 잤다. 나는 무엇이든 할 수 있어. 왠지 오늘은 나에게 큰 행운이 생길 것 같아.”

언제나처럼 빌 게이츠는 이렇게 혼잣말을 하고는 욕실로 향했어요. 빌 게이츠는 매일 아침 이런 주문을 외우면서 자기 마음을 다잡았답니다. 욕실에서 나온 빌 게이츠는 서재로 들어가 컴퓨터를 켰어요. 오늘 오후에 예정되어 있는 회의 준비를 하고, 어제 직원들이 보내온 메일을 확인했지요. 어느덧 먼동이 트자 아침 식사를 마친 빌 게이츠는 회사로 향했어요. 오전 7시 30분쯤 회사에 도착한 빌 게이츠는 비서의 반가운 인사를 받았어요.

미국의 컴퓨터 소프트웨어 회사인 마이크로소프트를 세운 빌 게이츠는 세계 최고의 부자라는 수식어와 함께 시간을 아끼는 데에도 둘째가라면 서러울 정도의 사람이지요. 그는 젊어서는 잠자는 시간을 빼고는 하루 종일 컴퓨터 연구에 매달릴 정도로 열정적으로 일했어요. 그런 그가 결혼을 해서 아이가 생기고 난 뒤부터는 시간을 효율적으로 관리하는 방법을 터득했어요. 그것은 매일 새벽 3시에 일어나서 7시 30분이면 회사로 향하는 것이었어요. 빌 게이츠는 시간 낭비야말로 인생에서 가장 큰 실수라고 여겼어요.

빌 게이츠가 얼마나 시간을 아끼는지를 알려 주는 또 다른 일화도 있답니다. 어느 날 그가 친구와 함께 서둘러 길을 가는데 땅에 2달러가 떨어진 것이 보였습니다. 하지만 빌 게이츠는 그걸 줍지 않고 지나쳤지요. 그것을 본 친구가 물었습니다.

“이보게. 2달러를 보고도 왜 그냥 지나치는 건가?” 그러자 빌 게이츠는 웃으며 이렇게 대답했어요.

“그걸 줍는 데 드는 시간이 더 아깝다네.”

이렇게 빌게이츠는 자기 시간을 철저하게 관리했기 때문에 존경받는 세계 제일의 기업가가 될 수 있었답니다. 뿐만 아니라 그는 자신이 모은 재산을 아낌없이 세상에 다시 내놓아 많은 사람들을 감동시켰지요.

(박은교, 2011)

모듈 3.3

시간 개념 알아보기

활동 1-1 다음 글을 읽고 찬우가 하루 일과를 살펴보세요.

찬우는 매일 오전 7시에 일어납니다. 8시까지 씻고 밥을 먹은 후 학교 갈 준비를 해서 집을 나섭니다. 오전 8시 30분쯤 학교에 도착하고 오후 2시까지 학교에서 수업을 열심히 듣고 3시 30분까지 보충학습을 합니다. 오늘은 집에 돌아가려는 길에 성원이가 축구를 한판하고 집으로 돌아가자고 합니다. 그래서 축구를 했더니 시간이 어느덧 5시 30분이 되었습니다. 집에 돌아가자마자 찬우는 곧바로 TV를 켰습니다. 보통 저녁은 7시쯤 먹기 때문에 그 사이에 평소 좋아하는 만화 프로그램을 보았습니다. 퇴근하고 오신 어머니가 저녁을 차려주셨고, 찬우는 저녁을 먹으면서 일일드라마까지 시청했습니다. TV를 보는 중간에 어머니께서 숙제는 없냐고 물으셨습니다. 생각해보니 담임선생님께서 오늘 수학문제를 풀어오라는 숙제를 내주셨습니다. 들어가서 공부하라는 어머니의 재촉에 할 수 없이 찬우는 8시 30분쯤 방으로 들어갔습니다. 찬우는 책상에 앉았지만 집중이 잘 되지 않습니다. 일단 1시간만 컴퓨터 게임을 해야겠다고 생각하고 컴퓨터를 켰습니다. 컴퓨터 게임을 하다 보니 멈출 수 없어 2시간이 넘게 하게 되었고 어느덧 시간은 10시 30분이 되었습니다. 찬우는 갑자기 숙제를 하지 않아 불안한 마음이 몰려오는 것을 느꼈습니다. 그래서 일단 매일 담임선생님께서 검사하시는 일기를 먼저 썼습니다. 수학숙제까지 하려고 했는데 갑자기 피곤이 몰려와 잠이 옵니다. 내일 담임선생님께 혼이 날 것 같지만 도저히 참을 수 없어 11시에 잠자리에 누웠습니다. 결국, 다음날 찬우는 수학 숙제를 하지 못해 담임선생님께 불려가서 크게 혼이 났습니다. 찬우는 늘 시간이 부족하다고 생각합니다.

활동 1-2 찬우가 하루동안 한 일을 시간순서대로 써 보세요.

시간	찬우가 한 일

활동 1-3 찬우는 왜 숙제를 하지 못했을까요? 여러 개를 선택해도 됩니다.

① TV를 너무 많이 봐서
② 컴퓨터 게임을 너무 많이 해서
③ 숙제를 기록해두지 않아서
④ 숙제를 계속 미뤄서
⑤ 계획을 세우고 일을 하지 않아서
⑥ 머리가 나빠서
⑦ 기타(숙제를 하지 않고 놀아서 등)

왜 그렇게 생각하나요?

활동 1-4 선생님께 혼이 나면서 찬우는 무슨 생각을 했을까요?

활동 1-5 늘 시간이 부족하다고 생각하는 찬우에게 무슨 말을 해주고 싶나요?

모듈 3.4

나의 하루 살펴보기

활동 1 내가 어제 하루를 어떻게 보냈는지 질문에 답을 작성하고, 하루 일과를 살펴보고 느낀 점을 쓰세요.

주요 일과	한 일	느낀 점

활동 2 내 시간의 주인이 되기 위해 실천할 행동을 구체적으로 작성하고, 멋진 서명을 하여 서약서를 완성하세요.

서 약 서

1.

2.

3.

4.

본인은 시간의 주인이 되기 위해서 이상과 같은 사항을 꼭 지킬 것을 약속합니다.

년 월 일

서 명 (인)

chapter 04

꿈을 향해 나아가기

모듈 4.1 시간 낚시하기
모듈 4.2 시간 매트릭스
모듈 4.3 시간 사용 점검하기
모듈 4.4 미루기 극복하기

CHAPTER 04

꿈을 향해 나아가기

◉ 꿈을 향해 나아가려면 계획을 실천하는 힘이 필요합니다. 계획을 실천하기 위해서는 해야 할 일과 하고 싶은 일을 구분하고, 우선순위에 맞춰 일을 처리하는 것이 매우 중요합니다. 그렇지만 우선순위를 알고 있다하더라도 해야 할 일을 미루는 일이 자주 생기게 되죠. 그럴 때마다 왜 할 일을 미루는지 생각해보고, 그 이유를 파악하여 미루기를 극복하려고 노력해야 합니다. 그리고 큰 계획은 가능한 작은 단위로 나누어서 공부나 일에 대한 부담감을 줄이는 것이 필요합니다. 또, 하루 또는 일주일 단위로 시간 사용 상태를 점검하여 스스로 부족한 부분을 보충해야 합니다. 여러분이 꿈에 가까이 다가가기 위한 방법 중의 하나로 이루고자 하는 목표를 눈에 잘 보이는 곳에 두고, 시간관리를 잘하기 위한 다짐과 좋은 명언들을 자주 떠올려보는 것입니다.

◉ 제4장은 시간 낚시 활동을 통해 우선순위를 정하는 방법, 시간 매트릭스를 통해 우선순위를 정하는 방법, 미루기를 극복하는 방법과 시간관리와 관련된 좋은 명언들을 알아보는 활동, 시간사용표를 사용하여 시간 활용 상태를 점검하는 방법으로 구성되어 있습니다.

◉ 꿈을 향해 나아가기는 시간관리 영역 중에서 계획 실천력과 시간관리 만족도를 높이기 위해 필요한 활동입니다. 학습수준과 관계없이 모든 학생들이 활용할 수 있으나 우선순위를 정하는 방법에서 시간 낚시 활동은 초등학생에게, 시간 매트릭스는 중학생에게 더 적합합니다.

목표

◉ 우선순위를 정하는 방법을 알고, 우선순위에 따라 계획을 실천한다.

◉ 시간사용표를 작성하여 시간계획을 점검하는 습관을 기른다.

◉ 미루는 습관의 원인을 알고 미루기를 극복하는 방법을 실천한다.

준비물

◉ 학생용 워크북

◉ 싸인펜(필기구)

모듈 4.1

시간 낚시하기

활동 1 어제 하루 내가 잡은 물고기는 몇마리인가요?

노력 물고기

① 숙제하기(학교, 학원)
② 시험기간 시험공부하기
③ 꿈을 위한 활동하기
(운동, 미술, 음악, 독서 등)
④ 집안일하기(청소, 심부름, 동생 돌보기 등)

기쁨 물고기

① 좋아하는 TV프로그램 보기
② 컴퓨터 게임하기
③ 휴대폰 가지고 놀기
④ 친구와 놀기

내가 잡은 노력 물고기 (해야 할 일)	내가 잡은 기쁨 물고기 (하고 싶은 일)
노력 물고기의 수 : 총 __ 마리	기쁨 물고기의 수 : 총 __ 마리

활동 2 많은 돈을 벌 수 있는 시간 낚시 방법

① 하루에 잡을 수 있는 물고기의 수를 생각한다.

예) 1시간을 1마리로 계산할 때 보통 5~6마리

② 낚시를 하기 전에 잡으려는 물고기의 종류를 구분한다.

③ 노력 물고기를 먼저 잡고, 기쁨 물고기를 잡는다.

★ 하루 종일 기쁨 물고기만 잡을 경우, 수입은 0원이 된다.

★ 노력 물고기 3마리당 기쁨 물고기 1마리를 잡으면 보너스 수입 5,000원이 발생한다.

모듈 4.2

시간 매트릭스

하루 일과에서 우선순위 정하는 방법

1순위. (빨간색) 반드시 해야 하는 중요하고 급한 것

: 시험 전 날에는 늘 해왔던 태권도나 미술 학원가는 일은 잠시 미뤄두고 시험공부에 집중해야겠죠?

2순위. (파란색) 지금 당장 안 해도 되지만 중요한 것

: 꿈과 관련된 활동들은 지금 당장은 효과를 알 수 없지만 꾸준히 하다보면 큰 변화를 가져다줍니다.

3순위. (초록색) 하고 싶은 일

: 오늘 하루 수고한 나를 위한 보상으로 하고 싶은 일을 합니다.

활동 1-1 여러가지 일들의 우선순위를 매겨보세요.

일의 내용	기한	물고기	중요	긴급	순위

※ 중요: 학교과제나 시험공부는 ★★★, 꿈과 관련된 활동, 개인공부나 학원과제는 ★★

※ 긴급: 오늘은 ☆☆☆, 내일은 ☆☆, 그 이상은 ☆

별표의 개수가 같을 때는 긴급의 별이 많은 일을 먼저 하기, 하고 싶은 일은 본인이 원하는 일 먼저 하기

활동 1-2 여러가지 일들의 우선순위를 매겨보세요.

일의 내용	기한	물고기	중요	긴급	순위

※ 중요: 학교과제나 시험공부는 ★★★, 꿈과 관련된 활동, 개인공부나 학원과제는 ★★, 기타 노력 물고기 ★

※ 긴급: 오늘은 ☆☆☆, 내일은 ☆☆, 그 이상은 ☆

별표의 개수가 같을 때는 긴급의 별이 많은 일을 먼저 하기, 하고 싶은 일은 본인이 원하는 일 먼저 하기

모듈 4.3

시간 사용 점검하기

활동 1-1 오늘 하루 일과표를 작성해 보세요.

초등학생용

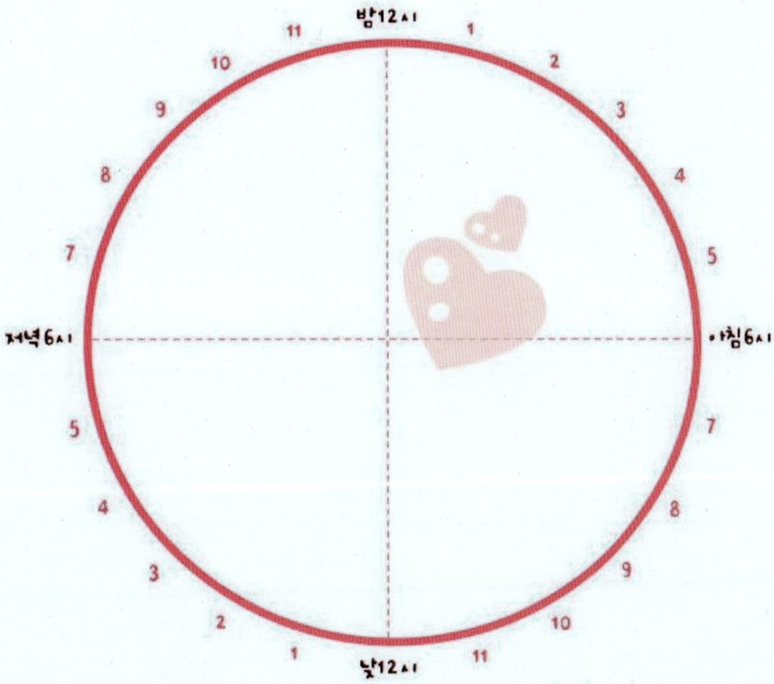

내가 잡은 노력 물고기(4,000원)

총 ______ 마리

내가 잡은 기쁨 물고기(1,000원)

총  ______ 마리

오늘 나의 총 수입은?

*기쁨 물고기만 잡았을 경우 수입은 0원

*노력 물고기 3마리당 기쁨 물고기 1마리를 잡을 경우 보너스 수입 5,000원

총 __________ 원

오늘 내가 느낀 점과 앞으로 실행할 점은?

활동 1-2 오늘 하루 일과표를 작성해 보세요.

중학생용

일의 내용	기한	중요	긴급	순위	실천여부(%)

나의 시간관리 점수는?

_______ / 10점

그 이유는?

오늘 내가 느낀 점과 앞으로 실행할 점은?

모듈 4.4

미루기 극복하기

활동 1-1 최근에 내가 해야 할 일 중에 미룬 일은 무엇인가요? 그 일을 미룬 이유는 무엇인가요?

활동 1-2 미루기를 극복하는 방법에는 무엇이 있을까요?

활동 2 시간에 대한 명언을 잘 보이는 곳에 적어두고 자주 읽어본다면 시간을 소중히 하겠다는 마음을 항상 간직할 수 있어요. 여러 위인들이 말한 시간에 대한 명언들을 외워서 내 것으로 만들어 보세요.

- 하루하루를 우리의 마지막 날인 듯이 보내야 한다.

  푸블릴리우스 시루스(로마 시대의 시인)

- 시간과 정성을 들이지 않고 얻을 수 있는 결실은 없다.

  발타사르 그라시안(에스파냐의 철학자)

- 변명 중에서 가장 어리석고 못난 변명이 '시간이 없어서' 라는 변명이다.

  에디슨(발명가)

- 오늘 할 수 있는 일을 내일로 미루지 말라.

  필립 체스터필드(영국의 정치가)

- 인간은 항상 시간이 모자란다고 불평하면서 마치 시간이 무한정 있는 것처럼 행동한다.

  세네카(스토아학파 철학자)

- 오늘이 두 번 다시 오지 않는다는 것을 잊지 말라.

  알리기에리 단테(이탈리아의 시인)

- 내가 헛되이 보낸 오늘 하루는 어제 죽어간 이들이 그토록 바라던 하루이다.

  소포클레스(그리스의 시인)

- 시간이 가장 기본이다. 이것을 관리하지 않으면 다른 것은 아무것도 관리할 수 없다.

  피터 드러커(미국의 경영학자)

- 낭비한 시간에 대한 후회는 더 큰 시간 낭비이다.

  메이슨 쿨리(미국의 작가)

참고문헌

교육부(2014). 초등학교 4학년 1학기 읽기.
교육부(2013). 초등학교 5학년 과학.
교육부(2013). 초등학교 6학년 국어.
교육부(2009). 초등학교 5학년 1학기 읽기.
김동일, 신을진, 이명경, 김형수 공저(2011). 학습상담. 서울: 학지사.
김소영, 서봉금, 김정섭(2014). 목표설정 중심의 시간관리 프로그램이 중학생의 진로 자기효능감에 미치는 효과. 사고개발, 2014,10(2), 31-47.
김소영, 최지만, 김정섭(2013). 학습컨설팅 프로그램이 초등학교 학습부진아의 주의집중력에 미치는 효과. 사고개발, 2013, 9(3), 43-61.
김영채(2005). 생각하는 독서. 서울: 박영사.
김영채(2011). 독서이해와 글쓰기. 서울: 교육과학사.
김의식(2012). 바보처럼 공부하고 천재처럼 꿈꿔라. 서울:명진출판.
김정섭(2009). 학습컨설팅의 중요성과 학습 컨설턴트의 역할. 학교심리와 학습컨설팅, 1(1), 19-33.
김정섭(2012). 교수학습센터를 위한 학습컨설팅. 교육심리연구, 26(4), 837-851.
김지영(2013). 자기조절학습프로그램이 초등 학습부진아의 학습동기와 학습전략에 미치는 영향. 부산대학교 대학원 석사학위 논문.
김지영, 김정섭(2014). 학교기반 학습컨설팅 프로그램이 초등학생의 학습전략에 미치는 효과. 학습자중심교과교육학회지, 14(6), 169-192.
김현영, 정영선(2010). 청소년을 위한 학습상담. 서울: 시그마프레스.
노지영(2011). 어린이를 위한 시간관리의 기술. 경기도: 위즈덤하우스.
박수홍, 안영식, 정주영(2010). 체계적 액션러닝. 서울: 학지사.
박은교(2011). 세계 1등 위인들이 들려주는 아주 특별한 시간관리 습관. 경기도: 니케북스.
사이언 베일락(2011). 부동의 심리학(박선령 역). 경기도: 21세기북스.
소년한국일보(2102). "꽃 · 풀잎 우산 속으로… 곤충들의 폭우 피하는 요령". 7월 29일.
신현숙(2005). 독서교육. 서울: 홍진P&M.
어린이동아(2012). "지구촌 '탄소 없애기' 대작전". 3월 12일.
어린이 동아(2012). "뜨거워진 한반도, '경북포도' 옛말". 8월 14일.
어린이 동아(2012). "확대되는 녹조현상". 8월 9일.
윤채영(2011). 전문가 모형의 학교기반 학습컨설팅 적용이 학습전략에 미치는 효과. 교육심리연구, 25(3), 545-567.
윤채영, 김정섭(2015). 학교기반 학습컨설팅 모형개발. 한국교육, 42(1), 107-135.
윤채영, 김정섭(2010). 예방적 학습컨설팅이 전환기 중학생의 학업동기에 미치는 영향. 중등교육연구, 58(3), 381-408.
윤채영, 황두경, 김정섭(2012). 초등 학습부진아와 일반아의 학업동기와 학습전략 특성 비교. 사고개발, 8(2), 125-149.
윤현주, 윤소영, 김정섭(2009). 주의집중전략 훈련이 초등학생의 학습태도와 학업성취도에 미치는 영향. 학교심리와 학습컨설팅, 1(1), 67-78.
이채윤(2006). 컴퓨터 병을 고치는 의사 안철수. 서울: 보물섬.
이화진, 임혜숙, 김선, 송현정, 홍순식, 조난심(1999). 초등학교 학습부진아용 교수-학습자료 개발: 학습동기 전략 프로그램 (CRC 1999-2). 서울: 한국교육과정평가원.
전도근(2012). 공부의 달인이 되는 기억력과 암기력 향상 전략(교사용 지도서). 서울: 학지사.
전도근(2011). 공부의 달인이 되는 기억력과 암기력 향상 전략(학생용 워크북). 서울: 학지사.
전도근(2010). 자기주도적 학습전략 시리즈 2: 공부의 달인이 되는 주의 집중력 향상 전략 교사용 지도서. 서울: 학지사.
정미선, 정세영(2012). 영재학생과 일반학생의 학습양식 비교. 영재교육연구, 2012, 22(2), 39-59.
정세영, 김정섭(2013). 전환기 중학생의 학습동기와 학습전략의 관계. 사고개발, 2013, 9(1), 161-176.
천경록, 이경화 역(2003). 독서지도론, 서울: 박이정.
최동선, 정향진, 이민욱, 문한나, 추연우, 현지훈(2014). 국가직무능력표준(NCS)학습모듈 활용방안 연구. 서울: 한국직업능력개발원.
최정원, 이영호(2006). 시험불안 다루기 전략 및 시험전략. 서울: 학지사.
표시정(2007). 은혜갚은 꿩. 서울: 씽크하우스.
한국콘텐츠진흥원(2005). "산사의 소리, 은혜 갚은 꿩". http://www.culturecontent.com (2015.8.20. 방문).
호아킴 데 포사다(2009). 마시멜로 이야기. 서울: 한국경제신문사.
황경렬(1997). 행동적, 인지적, 인지-행동 혼합적 시험불안 감소훈련의 효과비교. 한국심리학회지: 상담과 심리치료, 9(1), 57-80.
황두경, 김정섭(2014). 초등학교 학습부진학생의 시간관리능력과 학업적 자기효능감에 대한 시간관리 학습전략 프로그램의 효과. 사고개발, 10(4), 39-57.
Bobb Biehl, B., & Paul Swets. (2012). 꿈을 향한 31일간의 여행(박영인 역). 경기도: 큰나무(원저 2007에 출판).
Carolyn, C. (2012). 학습부진아 지도를 위한 220가지 전략 학습코칭(정종진 역.). 서울: 시그마 프레스(원저 2001 출판).
Finch, C. R., & Crunkilton, J. R.(1999). Curriculum development in vocational and technical education. planning, content, and implementation, MA : Allyn and Bacon.
Stephen R. Covey., A. Roser Merrill., & Rebecca R. Merrill. (1997). 소중한 것을 먼저 하라(김경섭 역). 서울: 박영사(원저 1994에 출판).

공저자약력

김정섭(KIM JungSub)

창의성교육, 비판적사고, 칭찬프로그램개발에 관심을 가지고 연구를 하였고, 최근에는 학습컨설팅을 토대로 한 학교심리학에 많은 관심을 가지고 있다. 현재 부산대학교 교육학과 교수로 근무하고 있다.

creativejin@pusan.ac.kr

강명숙(KANG MyungSuk)

인지, 정서, 행동문제로 어려움을 겪고 있는 학생들의 적응을 위한 학습컨설팅 및 창의력교육에 관심을 가지고 연구하고 있다. 현재 한국학습컨설팅센터장으로 근무하고 있다.

kangms386@hanmail.net

윤채영(YOON ChaeYoung)

학습컨설팅, 학습부진, 학습전략, 학습몰입, 학업중단, 학사경고 등에 관심을 가지고 연구하고 있다. 현재 신라대학교 교육혁신본부 교수로 근무하고 있다.

chaeyoungy@hanmail.net

정세영(JUNG SeYoung)

창의력과 글 이해에 대하여 관심을 가지고 연구하였고, 최근 학습컨설팅과 창의적 학습에 많은 관심을 가지고 있다. 현재 계명대학교 교수학습개발센터 교수로 근무하고 있다.

308580@hanmail.net

김지영(KIM JiYoung)

학습부진, 학습동기 및 학습전략에 관심을 가지고 연구하였으며, 최근 대학생의 진로/학습컨설팅과 수업참여에 많은 관심을 가지고 있다. 현재 경남대학교 대학혁신지원사업단 교수로 근무하고 있다.

chinkuya@hanmail.net

김소영(KIM SoYeong)

진로상담, 학습자 심리정서조절, 학습부진아 학습컨설팅, 진로학습컨설팅에 관심을 가지고 연구하고 있다. 현재 영산대학교 교수학습개발원 교수로 근무하고 있다.

donald9328@gmail.com

황두경(HWANG DuGyeong)

학습부진 및 시간관리에 관심을 가지고 연구를 하였고, 최근에는 대학생의 학습역량 강화 프로그램 개발에 많은 관심을 가지고 있다. 현재 동의대학교 교수학습개발센터 교수로 근무하고 있다.

hdk1225@deu.ac.kr

학습컨설팅 프로그램 시리즈

학습전략 프로그램

: 학습컨설턴트, 교사 등 전문가들을 위한 학습전략 프로그램 사용 안내서

- 학습전략 프로그램 1 : 시간관리
- 학습전략 프로그램 2 : 집중전략
- 학습전략 프로그램 3 : 기억전략
- 학습전략 프로그램 4 : 읽기전략
- 학습전략 프로그램 5 : 시험관리

학습전략 프로그램 워크북

: 프로그램에 따른 학습전략 사용능력 향상을 위한 실전용 학생 개별 활동지

- 학습전략 프로그램 워크북 1 : 시간관리
- 학습전략 프로그램 워크북 2 : 집중전략
- 학습전략 프로그램 워크북 3 : 기억전략
- 학습전략 프로그램 워크북 4 : 읽기전략
- 학습전략 프로그램 워크북 5 : 시험관리

학습컨설팅 시리즈

학습전략 프로그램 워크북 01 시간관리

초판발행 2020년 3월 4일

공저자 김정섭 · 강명숙 · 윤채영 · 정세영 · 김지영 · 김소영 · 황두경
펴낸이 노 현

편 집 조보나
기획/마케팅 이선경
표지디자인 조아라
제 작 우인도 · 고철민

펴낸곳 ㈜ 피와이메이트
서울특별시 금천구 가산디지털2로 53 한라시그마밸리 210호(가산동)
등록 2014. 2. 12. 제2018-000080호
전 화 02)733-6771
f a x 02)736-4818
e-mail pys@pybook.co.kr
homepage www.pybook.co.kr
ISBN 979-11-6519-005-7 94370
979-11-6519-011-8 94370(세트)

정 가 9,500원